A LA DERIVA

HIS GLORY
CREATIONS PUBLISHING LLC

WENDELL NC

www.hisglorycreationspublishing.com

Table of Contents

DEDICATION

To *Sevillano,* a name within my heart.

To *Venezuela,* the history of my open wounds.

ACKNOWLEDGEMENTS

Above all, I am grateful of God for keeping my inner flame bright and warm enough to continue crafting my literary work. Second, I have to express my sincere gratefulness to my colleague *Alejandra Gonzalez Tinoco* for her outstanding collaboration editing and revising my poems. She candidly brushed them up with her insights, making sure the reader apprehends the essence of my words. Finally yet importantly, again my deepest thanks of gratitude to author and entrepreneur Felicia Lucas and His Glory Creations Publishing LLC, for her support and their partnership to carve out this project.

Olga Leon

DESTINOS ARTIFICIALES

El día que tenga tiempo te olvido,
un día a destiempo, un día moribundo,
sin pulso ni gemidos, un día sin testigo.

El día que pierda la noción del tiempo
me tomaré el tiempo de desconocerte
y en tu ausencia te tendré presente.

Voy a sacarle brillo a mi espejo en decadencia
para que refleje lo mejor de este amor inmóvil,
del que ya no tengo jurisprudencia.

Este amor arguye que hay que exhumar los vicios
y buscar pesquisas en los latidos de nuestro pecho.
Oh vaya con este amor incierto
que prefirió el adiós funesto antes del amorcidio.

Así llevamos vidas paralelas, vidas alternas
unos días nos amamos, otros días en anatemas.
Luego, un sentir ilógico saltando de rama en rama,
dejando un verbo muerto y un ego lleno de fama.

Y las palabras como en todo crucigrama,
perpendiculares, horizontales y cruzadas
llenando espacios, pero sin decir nada;
un duelo de evasivas, una despedida callada.

TELA DE JUICIO

Después de camuflarme en las guaridas del pensamiento
cúlpome de la más augusta perogrullada, carente de
sensatez, es este olvido, que una y otra vez
sufre la metamorfosis del recuerdo,
dejándome a solas contigo, en mi mente y en mi cuerpo.

Un ínterin quijotesco,
antítesis de mis quebrantos,
hace querellas incongruentes
que por ayudar entorpecen,
lo inverosímil de quererte.

Y una nevada hecha con agua hervida
así es este olvido fugitivo
con un significado que no atino.

No te olvido, no te olvido
es un tormento sucumbir a Morfeo
porque es solo así cuando te veo
dándome lo que en vigilia pido,
esa es la gloria de mi amor onírico.

Vaya con este ex-nuestro amor mío
que habita en mi corazón clandestino
y paga la renta cada vigesimoquinto.
Algo tiene que pasar,
alguien tiene que impedirlo,
no es justo, es anormal
y yo sin gusto de resistirlo.

Olga León

QUINCUAGÉSIMO

Hoy son los años que esperé
para no esperar nada más,
hoy me vale quién se fue o quien llegará.
Sólo me importan los que están.

Hoy no tengo prisa en llegar,
contemplo el camino y su alrededor
y si alguien sugiere un atajo sin esmero,
prefiero evitar al vocinglero.

Hoy disfruto siete por veinticuatro
pues soñar contigo cuenta.
Hoy no trabajo ni pago renta
y huyo de las ofrendas.
Me alejé de los ingratos
del mal agüero y del maltrato.

Hoy sin amantes y sin amigas
lo único que me da envidia
es la energía de las hormigas.
La verdad, es mi codicia.
Ya casi dejo atrás el país de Alicia
y mando al diablo sus maravillas.

Hoy es mi pan de cada día.
Es de lo que pido mi limosna.
Hoy son los meses del almanaque
y un reloj que permito que se atrase.
Hoy es mi cincuentenario
reseñado por Hessen en lobo estepario.

LABERINTO ESTRAFALARIO

Vivo acompaña de la soledad.
La vida muere dentro de mí
por tenerte a mi lado ausente.
Mirando al sol le hablo a la luna
que en la cena se desayuna
de las estrellas que no me alumbran.

Camino alejada de mi sombra,
quien dejó de seguirme hace rato,
pues no quería ser garabato
reflejando lo que de mi le estorba.
Que se vaya, que se vaya y que vuelva
cuando yo deje de ser otra.

Participo en monólogos ajenos,
que incitan al odio a quererte.
Una que otra palabra es fiel a mi voz
pero no lo reconoce conmigo en frente.

Quiero no querer lo que quiero,
aunque reconozco que es de humanos
ser inconformes con el futuro
que se les fue de las manos.

Grito a vox populi tu seudónimo
para que nadie te reconozca
si llegan a enterarse quién eres
seré el hazmerreír de las redes.

Cuestiono a Dios y al hombre

a través de poemas, no de informes.
Mis culpables no tienen nombre
pero dudo que esto les asombre.

Muero por saber a qué sabe el veneno
que pusiste en mi alimento.
Acabar conmigo fue un fallido intento
¿no te diste cuenta que yo era tu pan diario?
y ahora tu tumba es mi aposento.

VEREDICTO

Si eres arrogante por lo que sabes,
no has aprendido nada importante.
Si desprecias de dónde vienes
no has llegado a ninguna parte.

Si disfrutas más besar con pasión
que besar con ternura,
leerás más a Stephen King que a Neruda,
confundirás el arte de amar con la ciencia pura.

Si quieres que tu obra te lleve al cielo,
sé perro guía del que nació ciego
y sostén la pala al barrendero.
No culpes a nadie de tus mañas.
Honra a quien te llevo en sus entrañas,
confíale a Dios todos tus miedos.

Si te recuerdan por el favor que no hiciste
o por la única mentira que les dijiste,
procura alimentar tu amor propio
pues quien no quiere mirar, ni con telescopio.

Si no puedes lidiar con tus errores
olvidas que el perdón nos hace mejores.
Vale más perdonarse, a que nos perdonen,
lo primero es aceptación, lo segundo, lecciones

Si prefieres la soledad a la mala compañía,
ganar el pan con sudor en vez de la lotería,
es obvio que has andado mucho en la vía.

ANÉCDOTAS

Una vez un pordiosero
quería donarme su limosna.
Yo lo miré sin lisonja
y acercándome a su oído,
para decirle fui breve
no crea que me sorprende
pues sé de dónde se deriva su nombre,
ese dinero valdría más
si lo pidieras por amor al hombre.

Doblé la esquina en seguida
y me topé con un amigo de la infancia,
quien me reseñó con jactancia
que había ido de la China a la Francia,
que tenía cinco carros y tres casas,
que se le había olvidado el castellano
y el sabor del jugo de parcha.
Yo proseguí con mi marcha.

Me detuve pues estaba lloviendo recio
vi a un vendedor cambiando precios,
la gente llegaba igual a comprarle,
la codicia no es la culpable
la culpa la tiene el necio.

No había ido muy lejos
cuando escuche muy bajito
¿no le sobra un cigarrito?
No señora, mi funeraria es muy estricta,
la fosa no puede ser compartida.
Mire, en la esquina hay un pordiosero

regalando su dinero,
también hay un amigo
que tiene mucho de lo mismo,
 trate con el vendedor
 que oferta con el cinismo
dígale que la manda un vecino.

Olga León

CICATRICES

Cada vez más cometo mejores errores
y muy malos aciertos.
Sigo con el feliz descontento
de estar presa de mi libertad.

No es inquietud, es equidad
lo malo y lo bueno
me llevan con éxito
al umbral de la soledad.
Esa que buscamos
cuando ya no buscamos más.

Quedita me quedo
y me pongo a ojear
lo que en mi vida entera
me causo ceguera
por no poderlo mirar.
Petulante sigue mi ego
avanzando en vanagloria
buscando guerra y discordia
entre sordomudos y ciegos.

Búrlome de las cicatrices irreverentes
que aparecen primero que mis heridas.
Es como la muerte viviendo por la vida,
agonizante, agonizante respira.

GENTE FACHA

Hay quienes vienen a mí y no me dejan,
no me descubren, no dicen, no miran, no se alejan.

Ellos en su intento corrigen, predicen y conciben,
y mis sienes cebradas son las que enmudecen y perciben.

La discusión se vuelve soliloquio sin forcejeo.
Así me devuelvo, reprogramo y en la mente parafraseo
lo que he visto, lo que me dicen y lo que veo.

Su experticia es contradecir, ofrecer ciencia sin sapiencia.
Ofrecer lo que por sobra yo comparto.
Así me les adelanto,
forjando la brecha perfecta,
entre el mundo al que tengo derecho
y el que ellos imaginan me merezco.

Buscan reiniciarme y resetearme con estafa.
Alienarme con posturas simuladas, gente facha.

Las plumas que me arrancan fortalecen mis alas.
Yo continúo volando sin su consentimiento.
Soy responsable de mis palabras
y no de su entendimiento,
quieren hacerse los vivos labrando en el cementerio.

Las miradas que me hacen de soslayo
vienen de ojos lacayos,
que lejos de hostigar me complacen
siendo maldeojo de ciegos
pueden hacer maleficios, pero no hacen.

El éxito que profesan anda de mala racha,
con sus dedos sucios señalan mis fallas,
que vengan mil veces y tantas, así es la gente facha.

INTERMEZZO

Por fortuna ando sin fortuna
y aparentemente sin apariencias;
celebrando las tradiciones muertas
ultimadas en duelos de corazón y ciencia.

A la Facultad le debo mis cadenas.
Encerrada en el conocimiento oficial
que me hace analfabeta funcional,
con destino a la universidad abierta.
Gracias a la iglesia soy profana sin credo,
y mi familia es mi diálisis perpetua.

Por eso no soy grande ni popular,
y más de uno prefiere obviar
mi presencia a su ignorancia.
Pero siguen siendo testimonio
de mis dioses y mis demonios.

Siendo prófuga de la injusticia
pierdo el tiempo acentuando la "ies".
Pidiendo prestado al que me fíe,
nunca les pago por adelantado.
No siendo loca me hago,
para darle sentido a la humana virulencia.
Ésa que apesta y contradice
lo anterior al séptimo día.

Lo antepuesto lo he dicho con malicia
para burlarme de las moralejas,
leyendo La Dama de las Camelias
busco en Dumas, ideas milenarias.

Olga León

RECONCOMIO

Duda es la palabra siniestra
que tiene sentidos no adversos.
No es lo que representa
y no refleja lo positivo,
no es del todo negativo.
Es la historia en la que vivo.

La certidumbre me ofusca la mente,
haciéndome ver lo sólido transparente.
Dejándome a solas entre la gente.
Invitándome a decir mentiras y sandeces
y salir a pescar agua en vez de peces,
todo un caos, pero la verdad no miente.

Alucino con liberar mi suerte
de la pandemia de mi ego malhechor;
que busca desmejorar lo mejor
que el destino me tiene aguardado.
Si dejo que me gane el enfado
pierdo lo perdido y gano lo logrado.

Perplejo camino a tientas
buscando pesquisas que no mientan.
Mal nutriendo mi autoestima
espero por esperar en la esquina.
Sintiendo deseos extraños
hacia mis enemigos de antaño.
Ésos que al pasar los años
pasaron de agua limpia a agua e' caño.

Este reconcomio escabroso

pone en claro mi motivo indecoroso,
incitando a mis temores
a jactarse ante mis quebrantos
y aunque sé que no es para tanto
prosigo, pero no adelanto.

Olga León

A MANERA DE QUEJA

Mi mano quedó extendida,
mi mirada perdida,
mi voz quebrantada,
mis labios silenciados.
mi fe en el amor consumida.

Mi cuerpo yace vacilante
desprovisto de vanos adornos
ahorrando energías para tu retorno.
Es mi derecho a replicar
que tu abandono fue un soborno.

El tema de mis poemas es tu ida.
Mis palabras se me vienen encima.
Tropiezo con tus recuerdos.
Las penas vuelven y también las heridas.

A manera de queja en mi interior deduzco
que tu partida fue de mal gusto,
y una broma muy pesada.
No se deja a la persona amada
ni por el más grande disgusto
es vano, es vil, es injusto.

No está de más poner en entredicho
que los corazones saben
lo que las mentes sienten
pero se hacen los indiferentes
confundiendo lo mal habido
con lo mal habiente.

AL DESCUBIERTO

Aún tengo cosas que desaprender.
Como el saber amarte
Y el saber que no estás.
Tengo que dejar de saber que regresarás.

Aún me faltan cosas por desconocer.
Desconocerte cuando te vea por los bares
a los que íbamos a bailar.
Desconocer tu lenguaje corpóreo.
Ése que siendo obvio,
 no lo poderlo interpretar.

Aún tengo cosas que abandonar.
Abandonar la idea de quererte
y lanzar ese abandono al mar;
y aunque vuelva con las olas,
yo igual me quedaré a solas
saboreándome la sal.

Aún me quedan cosas por descifrar.
descifrarme a mí misma
para continuar con los demás.
Tengo que saber cómo soy
o si por buen camino voy.
Si soy estorbo, o soy ofensa
o la más apacible recompensa
de los que conmigo están.

Aún me faltan cosas que transigir,
como ceder el paso al presente
para que me dé en la frente

y me permita seguir.
Sé que debo consentir
que mis errores sucumban
y que queden fuera de mi tumba
cuando me toque morir.

Aun me quedan cosas por resistir,
resistir salir a buscarte
en mi bicicleta rosa
con la que te quedaste.
Hasta hoy ya estoy morosa
y he quedado sin aguante
por no poner resistencia
y seguir pidiendo audiencia,
para mirar tus ojos sagaces.

RESIDUOS

El tiempo que me queda es para sacar tiempo de más,
para hacer que el tiempo olvide el tiempo.
Pero sobre todo para no perderlo;
para no estar a destiempo,
cuando decidas que es tiempo de regresar.

El amor que me queda es para amarte poco
y aunque sean cosas de locos,
amarte un día que otro
para que me dure más.

La paciencia que me queda es para no perderla
cuando digas que vienes y no llegas.
Cuando quiero que te acerques y te alejas.
Cuando te quiero besar y no te dejas.

El rencor que me queda
es para no resentir
a mis enemigos verdaderos;
ni a mis falsos camaradas,
que me ofrecen posada,
diciendo que a cambio de nada.
Pero cobran comisión
no en moneda sino en alabanza.

La ilusión que me queda es para venerar utopías.
Ésas que elevan mi espíritu, pero me roban energías,
que permiten ilusionarme de nuevo
creyendo que soy un héroe sin serlo.

DERRUMBE

Yo hablaba de tal manera
que se me leyera
el alma y no las palabras.
Pero siempre andaba mi alma en pena,
y aunque no se lo permitiera
dejaba mi discurso con fallas.

Yo amaba de tal manera
que mi razón callara y mi corazón fuera.
Pero el tuyo terciopelo no era.
Cupido no lazó flechas sino dagas
Y hasta de eso se me acusaba
de ser infiel o de ser malvada.

Yo pensaba de tal manera
que mis ideas fertilizaran
un pensamiento coherente.
Pero me adentré de más al subconsciente
y ya no vale la pena lo que piense.

Yo rezaba de tal manera
que algún dios desconocido
escuchara mis lamentos y pedidos,
pero ese dios aún no ha venido
y yo rezando en las mismas sigo.

Yo perdonaba de tal manera
que cada perdón fuera el último,
pero olvide hacer caso omiso
de todos los anteriores.
Y al igual que los favores,

te recuerdan por el que no se hizo.

Yo olvidaba de tal manera que
que recordar falta no hiciera.
Sacro error de mi parte
el creer que podía olvidarte,
el día que de mi partieras.

Yo vivía de tal manera que
que la vida valiera la pena
y ese pensar fue mi condena
la vida no es más que dura faena
con cierto sabor a Canela.

Olga León

CALAMIDADES

Después de cierta edad
vienen y van los días.
Empiezas a hablar de cierta manera
ufanando amoríos o simpatías
pero es sólo el reflejo la experiencia tardía.

Después de cierto tiempo
llega el éxito o el fracaso,
que marcarán el son de los pasos
del cómo acabará tu vida;
sea la auténtica o la fingida,
tu actitud será quien decida.

Después de cierta pasión
empieza el desafecto,
que quita al amor lo mejor de sí
y lo que antes era frenesí
es sólo devaneo abyecto.

Después de cierta fortaleza
caemos en la bajeza
de olvidarnos del perdón;
sin saber que la verdadera fuerza
no viene de la intransigencia
sino en obviar el error.

Después de ciertas frases hechas
se nos olvida el español,
recurrimos al anglosajón
y de allí hacemos traducción.
Vulnerando la lengua madre

y ya no hay quien salvaguarde
la belleza y el Romance
del dialecto de Cervantes.

Olga León

CRUZ

He recibido tantos nombres,
que desconozco el mío propio.
He proclamado tantas ideas,
que no tengo idea de lo que pienso.
He creído en tantas utopías
que ya me creo Sancho Panza
con inmaculadas manchas.

Al igual que mi vida nació muerta,
mi niñez también quedó huérfana.
Y aunque ésta última un día recuperé,
el destino salió corriendo y la asustó.
Luego llegó la historia como madrastra
y de mis credos hizo subasta.
como diría la piba Mafalda.

Como la oruga se acabó la prehistoria de mi vida.
Comencé a volar con una Fe desconocida.
Mis alas me hacían sangrar las heridas.
En cada aleteo, sin religión requerida,
sólo se me permitía entrar por la salida.

Sólo los orates piensan
que la excepción es mi única regla.
¿Qué razones aducen?
no será ni mi belleza ni mi aliciente.
Yo ni soy bella ni soy durmiente.
Quizá sea porque soy autosuficiente
y eso es una cruz contraproducente
en tierra de tontos y de incompetentes.

ALGARABÍA

Digamos que empiezo a parlamentar de manera arbitraria;
cabalgando en los jinetes apocalípticos de la patria,
le arrugo la sotana al inquilino de la sede vitalicia,
quien tiene suficiente Fe para ser ateísta.
De allí salgo a derrumbar banderas,
y hasta que me agarre la flojera
no dejaré de decir loqueras.

Digamos que soy espadachín justiciero,
con el cerebro lleno de agujeros;
de esos que hay de más por el mundo
dando tantos, dando tumbos,
siendo tontos útiles y fecundos
sin tema, sin rema, sin rumbo.

Digamos que me autoproclamo sin vida
y termino viviendo a escondidas;
jugando a vivir junto a mi tumba,
disfrutando las abejas que zumban,
alrededor del palacio de justicia,
tengo una cita en la penumbra.

Digamos que soy, una más de la lista
que se fue por ahí a buscar fortuna.
Sosteniendo la cámara al hombre luna.
Creyendo en el amor a segunda vista,
ahora errante y capitalista
me dedico a no creer en las noticias
sin averiguar la fuente de cada una.

Digamos que formo un alboroto,

por romper lo que está roto,
por pedir peras al olmo,
y crear el colmo de los colmos,
que me valga ser mudo o sordo,
gente útil o un estorbo.
Total, la vida es una algarabía
que tiene a Ares de policía;
donde si no te portas a la altura
por las venas recibes la factura.

KARMA

Por enamorarme de tu sonrisa triste
triste me quedó el alma desde que te fuiste.

Por deleitarme con tus labios inquietos
inquietos esperan los míos tu regreso.

Por embelesarme con tus tantos besos fugaces
fugaces son mis suspiros porque me abraces.

Por enajenarme con cada caricia anochecida
a oscuras quedó mi alma abatida.

Por creerme invencible y de amor apetecida
mis ganas de volver a amar fueron vencidas.

Por pretender que no mentías cuando mentiste
me miento a mí misma creyendo que no te fuiste.

Por profesar que eras amor verdadero y no falso
mi era de amar no florece, no pasa de marzo.

Por anochecerme admirando tus pupilas
soy pupila de amaneceres de llanto.

Por dejar que llenaras mi vida
tengo mi vida llena de dejadeces,
llena de karma y sandeces
llena de recuerdos que no envejecen.

Olga León

PARANOIA

Tengo la fantasía de que soy un superhéroe,
pero me sale el tiro por la culata
cada vez que voy a vender mi capa
ellos quieren creerme, pero no doy fe de errata.

Mi capa que es de cartón,
no me hace volar como avión.
Mi capa me hace un cobarde
cada vez que hago alarde
de lo que todos son y no son.

Trato de empeñar mi escudo y mi daga
pero dicen que eso de la muerte no resguarda.
Insisto en que combina con la máscara.
Pero arguyen que los hace sobrehumano,
allí me retracto y retrocedo
seguiré siendo héroe, aunque volar no puedo.

La verdad prefiero ser antihéroe
sin máscara que me oculte el rostro.
Ser campesino cuidando potros
o alfarero amoldando lo roto.
Olvidarme de ayudar a otros,
que me roban mi capa y mi escudo
eso seré en adelante, lo juro.

A LA DERIVA

Ya fui, ya vine, ya hice,
y por evidencia tengo cicatrices.
Como método ya no sigo directrices
y como norma rompo las reglas que amerite.

Mi lista de "por hacer" pasó a lista hecha.
Seguí siempre a la izquierda sin cruzar a la derecha.
Recogí muchos frutos y perdí algunas cosechas.
Me orienté en mi porvenir sin enfocarme en las fechas.

No sé si comenzar de nuevo
o mandar todo al infierno.
No sé si regresar al norte
o seguir luciendo el pasaporte.

Ahora camino despacio,
procurando encontrar mi espacio.
Ando a la deriva
colgando de las hojillas de la vida.
Ya llegué de "para donde iba".
Ignoro el dictamen que me prescriba,
y veo migas, despojos y retazos.
Mis grandes pies, dieron pequeños pasos
y hoy más que nunca, si acaso,
mis logros pudieran verse más como fracasos,
todos me lo advirtieron, pero nunca les hice caso.

A la deriva con agujeros en el pensamiento,
por donde salen palabras que no pienso.
A la deriva con un corazón hambriento
que lastima para saciar su apetencia

no por los temores sino por su frecuencia.

A la deriva pidiendo que cese la zozobra
de no saber si están por recoger mis sobras;
o si la divinidad renovará mi amuleto,
para volver a ver mis cabellos sueltos
o desojándose uno a uno en mi féretro.

SEVILLANO

Tu nombre no aparece en mis poemas
no sé si al temor le gana la pena.

Tu seudónimo lo verá sólo el forense,
cuando saque del pecho abierto, mi corazón inerte.
Dudando si la causa de muerte
fue producto del buen amor o de la mala suerte.

El perito anotará igualmente
tus alias que armonizarán con el informe.
Pero lo último que importa es el sobrenombre
de un cuerpo despoetizado,
lleno de tatuajes por todos lados.

Un gato saludándome a mí,
con la excusa del "yo no fui";
maúlla la lista de cosas
que debo hacer antes que la prosa
rompa mis versos fueras de sí.

Si todo se vaciará en mi ataúd,
que importan el nombre y el tatú
si el desamor acabó con la virtud.
El gato no mejoró su actitud,
y se comió mi enchilada de queso,
que le va a importar al galeno
si el nombre que mira es fidedigno
o es sólo un mal signo
que cuan tumor maligno
se alimentaba de mí.

CONJETURAS

El deliberar de un encuentro lejano
llena mi mente de orificios;
y a mi corazón de artificios
que casi me sacan de quicio.
Dejándome un sabor a desgano
que no me dejan llegar al grano
de este supuesto negado.

Desojando flores de será o no será,
supongo que de tanto suponer que vendrás
llegaré a pensar que ya viniste y que ya te vas,
no sé si dejar de esperarte o esperar no más.

Yo presumo, tú sospechas, todos infieren
y a la final al amor se hiere
dejemos ya de vaticinios
¿qué importa quién tiene el dominio?
el amor no tiene lados.

Que derroche de talento
pasar el día entre lamentos.
En lugar de pasarlo entre tus brazos.
De esa tela, tengo retazos.

Sálvese quien pueda.
Suban al arcoíris,
o bajen a la placenta.
Tú eres mi camisa de fuerza,
y cuando logre zafarme,
la delicia será eterna.

ABRACADABRA

Sube el telón y aparece una estatua.
No sé qué decirle al público
que anda a tientas, que anda a gatas.
Ese yeso no se mueve
ni cuando truena ni cuando llueve.
Ustedes ven una obra insigne,
yo sólo veo conjuro en la efigie.

Llaman al orador de turno
para que explique lo inexplicable
eso requiere más drama que arte
mejor me voy a otra parte
a apreciar un amanecer nocturno.

Llega el filósofo iracundo,
y se percata de singular asunto.
Clama que sólo un sabio astuto
podría revelar al mundo
los secretos del universo.
Vaya ser avieso
peor que la estatua e' yeso
y el extinto amanecer nocturno.

Otra primavera de invierno
refleja lo falso y lo incierto
de los ídolos de barro
que hacemos del padre nuestro.
¿Será que yo peco de sofista,
cuando de todo hago una lista?
y busco más patas al gato
creyéndome moraleja bíblica.

Decidí apelar al tarot
a ver si me desmentía.
Mala mía, Ave María
sin plumas, sin garantías.
Esto de ser poeta
me llena de hipocresía.
Sentada en mi poceta,
comienzo a hacer brujería.

DAÑOS COLATERALES

Asediada de inanimados y oscuranas
prendo el televisor
para mal informarme mejor
de las pérdidas humanas.

El invitado de honor
del programa matutino
toma tinto, toma vino
los domingos y no domingos
me habla del gran señor
que le dio licencia celeste
para que a los niños acueste
lejos de sus dormitorios.

Ya es sabido y es notorio
que el fulano de la sotana
cuando no reza se ufana
de ser el elegido mayor.
De eso se jacta la iglesia
de resucitar al profeta
más allá del tercer día.

Sigo con la escuela misma
que enseña lo que no se aprende
las ciencias, las artes, las leyes.
Pero la crítica no la ofende
sigue adoctrinando vasallos
para que alaben al amo
aunque les pisen los callos.

Comienzo a desenredar las redes,
que te atraparán si tú cedes.
Te dejarán caer en la ignominia.
Amputarán tu mente si no accedes
a la campaña de misoginia
que la Iglesia, el Estado hace adrede
y no por las equis en los genes
sino por las mismas mujeres.

CLANDESTINA

Ando de bajo perfil
para no despertar sospechas,
cuando repito una frase hecha
o me valgo de alguna treta.

Hago de bueno o malhechor
perdono ofensas baratas
y me agarro de la baranda
atándome a la burata
del común denominador.

El sigilo me patrocina
y me hace sentir humano.
no miro para los lados,
agarradita voy de su mano
hasta el Arcano mayor.

Sin jugarretas indignas
anónima es mi consigna,
al que mi ego subleva
eso se palpa y refleja
en mi esencia clandestina.

Quiero que venga…entérese
de mis dotes quijotescas
para que hagamos sindéresis
si acaso algo nos molesta.
Pero sólo en estricta confidencia,
pues me gusta andar encubierta
y que nadie de mi tome nota
cuando me tildan de ignota.

Olga León

PENA AJENA

Hoy al lado mío me reencuentro,
queriéndome parecer a mi imagen,
pero mi sombra sale corriendo
y con ademanes me convierto
en un fósil flagelado encubierto.

Caigo bajo, plagiando lo que fueron mis recuerdos,
pero no es verdad, de verdad que sólo miento,
cual Vallejo proscribiendo lo dantesco.
Sin titubeos, sin mirar adelante,
yo entre los dos poetas, salgo farsante.

Ya no puedo hacer corpórea mi alma errabunda
pues mis sentires lo inhiben so pena de multa.
Aun en salvaguarda, soy alérgica a posturas
y tomo el bus, el tranvía o la mula,
pero de que llego-llego, todo por mentir a las dudas.

Ya nada me detiene, ¡que poderosa es la nada!
no por eso la voy a dejar intimidarme, ni ahora ni
nunca.
Voy a coser sin agujas mi lengua para que mienta,
a aquel que la trascienda o a quien la traduzca.

La verdad es que miento hasta cuando miento,
¿para qué les voy a decir la verdad?, si no estoy en lo
cierto.
¿me creerían si les digo mis secretos a corazón abierto?
claro que no, ¿quién le va a creer a los muertos?

NÉMESIS

Hace ya más de cien versos, que no riman mis sienes con tus recuerdos, oda perdida y agónica, la poesía que se escondió en mi penumbra.
Hace más de cien poemas, dejé de ser amante, y soy amada moribunda.

Hace ya más de cien pasos a ciegas, que perdida busco tu figura quimérica y carcomida mi alma se llena de fisuras.
Ella te busca, pero de encontrarte, no está segura.
Tanteando el sendero, mi cuerpo sigue en ayuna.

En el camino tratando de coger atajos,
no encuentra más que precipicios
así son los amores sin oficio,
ya los conozco desde sus inicios,
aburridos se ponen a creer en pajaritos
obviando al gavilán que mira hacia abajo.

Hace menos de dos labios encontrados,
que dejé de besar tu fotografía inerte.
Decidí deletrear el olvido en mi mente
para que mis poemas no tengan que describirlo.

Y cuando vengas a decirme que me amas,
habrá pasado más tiempo que vida,
considerando que mi existencia quedó pasmada
en la fecha de tu despedida,
pero el calendario siguió contando los días.

Este hastío que lamento
viene de atrás, es recurrente;

me usa, me fustiga, me aborrece.
Y yo le sirvo de agua y alimento,
haciéndolo patrono de mis versos.

SERENDIPIA

Vaya, vaya, mira como son las cosas
sin querer me he enterado de primavera sin rosas.
Inviernos sin soledad, besos que no llegan a mi boca,
Y lo que más me sorprende, la ganancia en la derrota.

Nada de experimentos, abracadabras ni eurekas.
Descubrí con rayos equis que esta pasión no se seca.
y también estoy al tanto, de un taciturno quebranto.
Que me lleva y me trae científicamente hablando.

El adiós sin valor terapéutico, cuan placebo inyectado,
me deja creyendo que el amor de nuevo ha llegado.
Mezclando pasión y desidia con mi corazón sin
sangrado.
De eso y más me soy letrado, aquí no más, sin haber
preguntado.

Confuso es nuestro querer hipotético,
que hasta cabe en un tubo de ensayo.
Recojamos sus virtudes y sus fallos,
y forjemos un amor más sintético
uno que se deje llevar por los hechos,
y no de lo que nosotros sintamos.

Supongo que el mismo Freud me lo hubiera cuestionado
sin terapia, sin análisis, sin sueños, ni súper-egos
una locura inconclusa por un amor acabado.
De un testimonio vivido y otro imaginado.
todo eso lo he descubierto, en estos versos que hago.

DÉDALO

Renuncio al prestigio de tus besos
porque si la historia no me exonera
de tu boca seré prisionera.
Ahora voy hecha un fantoche
con todos los hilos maltrechos.

La gala de anhelos comienza y termina
dejando a la multitud sorprendida.
Murmuran que soy la susodicha
que tu amor mató cual guaricha,
después que se acabó el baile.

Las luces quedan encendidas
por si vuelven las piedras al rio,
y me sigan la corriente,
con nupcias o soltería
sin ademanes, ni algarabía.

Cierro el ciclo del Medioevo,
saliendo de Roma en la barca Santa María,
y a falta de imprenta, buena es la tinta mía.
Así fallezco, así navego, así impero,
así soy verídica en tu fantasía.

A estas alturas no me pregunten por nada;
mis ocios se encargan de mí,
y de mis fallas se encargan las hadas.
No hay ningún malentendido
la luna o está llena o está menguada.
y para constatarlo basta subir la mirada.

MONARCA

No merezco esta corona
ni de espinas ni de oro ni de nada.
Pues ni vengo de la nobleza
ni del cielo fue enviada.
Pero sin insisten en adularme
les acepto una buena broma.

Voy a corregir algunas cosas
que algunos dan por sentadas,
no frecuento gente facha
ni de salida ni de entrada.

Mi fe no emana de sinagogas
sólo sale de mi alma,
que al universo dialoga,
desde que era muchacha.

No acepto de nadie reproches,
ni en nombre de Dios,
ni en nombre de estatuas;
ni de leyes malinterpretadas.
Justicia y libertad, serán mi lema
duélale a quien le duela,
caiga quien caiga.

Quien dude la certeza de mis premisas
que se acerque a las rejas del presidio,
ahí encerrados están mis falacias y mis vicios.
Mi corazón no tiene culpa, pero es perdedor invicto.

Muera el monarca, su alteza y sus bajezas.
No vuelvan a insinuarme qué cavilar o debatir.
Repito, de la mejor forma que les puedo decir,
no merezco esta corona ni antes, ni después, ni ahora.

PANTOMIMAS

Hasta hoy no es mucho lo que he entendido.
La semántica ha cambiado mucho de sentido.
Los hechos y la verdad tuvieron un divorcio agresivo.

La gente que yo daba por erudita
confunde las capillas con las mezquitas.
El síndrome de Estocolmo les quita
el dolor del látigo capitalista.

Quizá no son las palabras
que hacen el discurso ficticio,
mi teoría apunta al novicio
que, basándose en el vidrio escrito,
corta todo su chance de deducir
la importancia del plebiscito.

La falsedad se viste de juicio
y entretiene al jurista en flagrancia
adjudicando pena de muerte
a la dictadura proletaria.

Eso tiene un solo nombre,
las leyes de Dios son divinas
¡y las del hombre, te subestiman!

Enjaulados, domados cual fieras,
asistimos al mismo circo.
Somos payasos y malabaristas,
perdiendo la realidad de vista.
Viendo la tele, viendo revistas
siendo un dron que no tiene pista.

Pero muere en batalla, sin balas,
y sin conciencia altruista.

Los vientos soplan y engañan,
pero no se ve la diferencia.
Todo parece tan cierto,
que hasta se hacen conciertos
para tildar de fiasco el cuento,
que viene de boca en boca,
desde los primeros tiempos.

ABOUT THE AUTHOR

Olga Leon is an English and Spanish teacher born in Valencia, Venezuela. She obtained her under graduated from Carabobo University in the field of Modern languages in 1995 and her graduate degree in Spanish Literature and Linguistics at North Carolina State University in 2010, and she is currently working toward her Ph.D. degree in Universidad de la Plata, Argentina.

Olga spends her time writing poetry, working as a Spanish Teacher in Charleston, South Carolina and dedicating time to improve her French language communicating skills online. She envisions a safe *Postpandemic* world for all people with a learned lesson: *love keeps us sheltered.*

Olga León

His Glory Creations Publishing, LLC is an International
Christian Book Publishing Company, which helps
launch the creative works of new, aspiring and seasoned
authors across the globe, through stories that are
inspirational, empowering, life-changing or educational
in nature, including poetry, journals, children's books,
fiction and non-fiction works.

DESIRE TO KNOW MORE?

<u>Contact Information:</u>

CEO/Founder: Felicia C. Lucas

www.hisglorycreationspublishing.com

Email: hgcpublishingllc@gmail.com

Phone: 919-679-1706

www.ingramcontent.com/pod-product-compliance
Lightning Source LLC
LaVergne TN
LVHW051204080426
835508LV00021B/2797